爱上地理课

AISHANG DILIKE

世界金融中心·纽约

SHIJIE JINRONG ZHONGXIN · NIUYUE

知识达人 编著

成都地图出版社

图书在版编目（CIP）数据

世界金融中心：纽约 / 知识达人编著 . —成都：
成都地图出版社，2017.1（2021.8 重印）
（爱上地理课）
ISBN 978-7-5557-0426-3

Ⅰ . ①世… Ⅱ . ①知… Ⅲ . ①纽约—概况 Ⅳ .
① K971.2

中国版本图书馆 CIP 数据核字 (2016) 第 208428 号

爱上地理课——世界金融中心·纽约

责任编辑：游世龙
封面设计：纸上魔方

出版发行：成都地图出版社
地　　址：成都市龙泉驿区建设路 2 号
邮政编码：610100
电　　话：028－84884826（营销部）
传　　真：028－84884820

印　　刷：唐山富达印务有限公司
（如发现印装质量问题，影响阅读，请与印刷厂商联系调换）

开　本：710mm×1000mm 1/16	
印　张：8	字　数：160 千字
版　次：2017 年 1 月第 1 版	印　次：2021 年 8 月第 4 次印刷
书　号：ISBN 978-7-5557-0426-3	
定　价：38.00 元	

大胡子叔叔

42岁的詹姆斯·肖，美国人，是位不折不扣的旅行家和探险家，足迹遍布世界许多国家。因为有着与肯德基爷爷一样"茂盛"的胡子，所以被孩子们亲切地称为"大胡子叔叔"。

吉米

10岁的美国男孩，跟随在大使馆工作的父母居住在中国，是大胡子叔叔的亲侄子。他活泼好动，古灵精怪，对世界充满好奇。

主人公简介

映真

11岁的韩国男孩，汉语说得不好，但英语说得很流利。性格沉稳，遇事临危不乱。

花花

10岁的中国女孩，自理能力差，有一点点任性和霸道。她的父母与映真的父母是很要好的朋友。

目 录

目录

　　一大早起来，大胡子叔叔神采奕奕地宣布："孩子们，我们接下来要去的城市是纽约！"

　　"纽约？"吉米瞪大眼睛，"我们要去美国？我家在华盛顿，我还没有去过纽约呢。"

　　"纽约地处大西洋沿岸，位于美国最发达的东北部工业区，是美国最大的、也是最重要的城市。"大胡子叔叔说，"纽约由曼哈顿、布鲁克林、布朗克斯、昆斯和里士满5个区组成，人口超过800万呢。"

　　"那么大的城市，一定有很多好玩的地方吧？"花花问。

　　"当然了，"大胡子叔叔笑着回答，"纽约不仅是美国的政治经济中心，而且旅游业也非常发达。那里的中央公园、国家图书馆、博物馆等都是人们向往的地方。我们可以去曼哈顿品尝纽约最有特色的美食，到第五大道观看时装表演，去百老汇倾听音乐之声，在纽约公共图书馆感受知识殿堂的神圣，向属于英雄的布鲁克林大桥表示敬意……好了，孩子们，准备准备出发了！"

　　"我们要去纽约啦！"孩子们欢呼着。

　　三个孩子收拾好东西，跟随大胡子叔叔坐上出租车，来到机场候机大楼，办理出境手续。

　　花花问吉米："坐飞机要多长时间到达纽约呢？"

　　吉米笑着说："飞机要飞12小时，晚上8点左右就到了。"

　　"好了，孩子们，我们就要登机了！集中精力，每人都拿好自己的背包，我们新的旅行正式开始了！"大胡子叔叔笑着说。

　　在飞机上，大胡子叔叔跟孩子们介绍着纽约这座国际大都会："作为美国最大的港口和最大的城市，纽约有着独特的魅力，它既是繁忙喧哗的经济大城，又是充满梦想的绚丽舞台，更是所有人都梦想去尝一口的'大苹果'……"

　　孩子们认真地听大胡子叔叔讲述着，希望这座充满梦想与激情的大城市能给自己带来寻找梦想的力量。

第 1 章

威风凛凛的水泥森林

到达纽约，找好住的地方后，孩子们洗洗就睡了。第二天一大早，他们便坐上了大胡子叔叔找朋友借来的观光飞机。

"看，那里有森林！"花花兴奋地嚷道。

"那是摩——天——大——楼！

花花。"映真故意一字一顿地纠正道。

　　果然，俯瞰下去，灰色笔直的高楼密密麻麻地矗立着，街道被切割得又细又长，中间的行人和车辆被浓缩成一个个的小黑点。

　　"真的很像森林哦。"刚睡醒的吉米一边说，一边揉着眼睛。

　　"我们正在纽约曼哈顿区上空，这里有数不清的摩天大楼，像克莱斯勒大厦，高度将近320米。还有帝国大厦，曾经连续42年都是世界最高的建筑。"大胡子叔叔介绍说。

"你们看到下面两个巨大的方形建筑了吗？你们知道它是什么建筑吗？"大胡子叔叔指着窗外问道。

三颗小脑袋立刻挤了过去，向下俯瞰。

"我知道，那是双子大楼！"花花挤在两个小男孩中间，鼻子贴在了玻璃上。

"是的，那就是在2001年被恐怖分子袭击的世界贸易中心，最高楼层415米，曾经是世界上最高的建筑。我曾经登上过那里的第107层，站在窗边可以看到整个纽约，所以它又被称为'世界之窗'。"大胡子叔叔讲解道。

"那里面有好吃的吗？"吉米对吃总是充满着兴趣。

"就知道吃，贪吃鬼！"花花皱了一下鼻子说，"我听爸爸说过，世界贸易中心里面可以供很多的人一起吃饭。对吧，大胡子叔叔？"花花扭过头问。

"是的，那里最多可以供两万人同时进

5

餐。"

"所有的大楼里面都有吃的东西吗？"吉米的大眼睛转了两圈后问，惹得飞行员都笑了。

"吉米，纽约人建造这么多的高楼可不是专门用来吃东西的。"大胡子叔叔打趣道。

"还有银行，对吧？"映真知道很多东西，这点花花和吉米都很佩服。

"是的。纽约可以称为现代建筑的博物馆，其中包括银行、娱乐设施、购物中心等。而且，纽约还是美国的文化中心，很多爱好文化的人都喜欢聚集在这里。"

水泥森林

站立着的城市

飞机终于降落了，孩子们欢呼着跳了下来。

"哇，好像做梦一样！"花花感叹着。

"嗯，一个、两个、三个、四个……"吉米仰着脖子转着圈数着，一会儿就晕了，大胡子叔

叔笑呵呵地把他搂在了怀里。

　　"大胡子叔叔，纽约还有别的名字，对吧？"映真歪着头的样子很像个小知识分子。

　　"没错，'水泥森林''站立着的城市'都是它的名字，同时，它也被叫作'大苹果'。"大胡子叔叔笑着回答。

　　"大苹果？在哪里？"一提到吃的，吉米立刻来了精神。

　　"贪吃鬼，大胡子叔叔说的是纽约的另一个名字啦。"花花鼓着腮对吉米说道。

　　"那是因为纽约的苹果很好吃吗？"花花整理一下自己的小裙子，问道。

　　"呵呵，当然不是了。"大胡子叔叔点了点花花的鼻子回答道。

　　"纽约拥有世界先进的技术，发达的产业，每年可以给世界各地的人们提供无数的工作机会，这里可以说是无数人实现梦想的舞台。正因

为如此，世界上的很多人都想到纽约来，这里就像一个很大很大的苹果，每个人都有咬一口的机会。"大胡子叔叔生动地讲述道。

"每个人都可以吗？即使他们的梦想是不一样的！"花花问。

"是的，纽约的工业、建筑业、化学产业是最发达的三大产业，除此之外还有艺术、服装、学术等，每一个怀有梦想的人，只要有勇气，就可以在这里找到实现自己梦想的方法。"

三个孩子嘻嘻哈哈地跑着，大胡子叔叔也笑哈哈地跟了上去……

第2章

自由女神像

吃过午饭，大胡子叔叔带着孩子们坐上了轮渡。

"大胡子叔叔，我们要去哪里啊？"吉米好奇地问。

"我们要去自由岛看自由女神像。"

在前往自由岛的轮渡上，花花趴在栏杆上盯着前方越来越清晰的自由女神像发起了呆。

"花花，你在想什么啊？"映真凑过去问。

"我在想，自由女神为什么叫自由女神呢？"

"问得好，孩子。"大胡子叔叔摸了摸她的头发，坐到了孩子们中间。

"自由女神的全名叫'自由照耀世界之神'，是美国的标志，它每年都会为纽约迎来成千上万的游客。"

"她叫自由女神是不是因为她很自由？"吉米伸伸脖子问道。

"不完全是，她之所以叫自由女神，是因为她代表了独立战争时期美国人民对自由的向往和期待，同时也代表了美国人民勇于追求自由的勇敢精神。自由女神像是法国赠送给美国的礼物。"

快接近自由岛时，轮渡减慢了速度，此时此刻，自由女神像伫立在眼前，高举着手臂，像是热情欢迎这些孩子的到来。

"大胡子叔叔，快给我们讲讲自由女神的故事吧！"映真盯着前方的自由女神像，对大胡子叔叔说。

"好。"大胡子叔叔换个姿势说，"自由女神像是法国为庆祝美国独立100周年送给美国人民的礼物。大家可不要以为自由女神是美国独有的，其实在法国塞纳河畔也有一座自由女神像，而且美国的这尊女神像还是以塞纳河畔的那尊为模型创作的呢。纽约的自由女神像是法国著名雕塑家巴托尔迪创作的，光是雕刻就花费了10年左右的时间呢。而且你们知道吗？这位女神的相貌来自于这

名雕塑家的母亲，而她高举的手臂则来自于他的妻子。"

"嗯，我以后也要按我妈妈的样子做一尊伟大的雕塑。"吉米托着下巴做思考状。

"这样是因为看上去会更亲切

巴托尔迪

吗？大家都喜欢妈妈。"映真故作老成地问。

"实际上雕塑家的理念是想向世人宣告，自由是属于每个人的，它对于人们来说就像母亲那样重要。"

"大胡子叔叔，自由女神手里是什么呀？"吉米问。

"她右手高举着的是火炬，象征着光明；左手捧着的是美国的《独立宣言》——美国在1776年向世界宣布独立的重要文书，象征着美国人民取得的胜利成果。"

"那她的脚边是什么呢？"花花皱着眉看了好久后问道。

吉米歪着头说："看上去好像是锁链吧？"

"是的，自由女神像脚边是打碎的手铐、脚镣和锁链，象征着人民挣脱暴政和束缚，争取自由的决心。"

"是的，她的头上还带着花冠，跟我的有点像。"花花重新整理了一下自己头上的花冠，那是上船前映真送给她的。

"那不是花冠哦。自由女神头上戴的是象征世界七大洲和四大洋的'七大尖芒'。它象征全世界联合起来，共同争取自由。"大胡子叔叔越来越喜欢这几个天真、爱问问题的小孩子了。

自由岛

　　轮渡终于靠岸了，孩子们随着人流登上了自由岛。

　　"大胡子叔叔，自由女神在看什么呢？海的那一边有什么吗？"吉米学着自由女神的样子，向海的那一边望去。

　　"还记得我说过的话吗？自由女神像是法国赠送给美国的，而当时的法国还处于专制统治阶层的压迫下。因此，自由女神像面对的刚好是法国的方向，她代表了当时法国人民对自由的向往，同时也是美国人民对法国的祝福——祝福他们早日取得自由和独立。"

　　"大胡子叔叔，那边是什么？"花花好像发现新大陆似的指着轮渡停靠的方向。那边可以看到各种形态的人物雕塑，有的站着，有的倒着。

"那是为了纪念英雄而建造的。"大胡子叔叔回答说。

"就像中国的人民英雄纪念碑一样吗？"花花充满自豪地问道。

"是的，世界上每个国家，为了争取自由、平等、独立，都有无数的英雄牺牲。他们牺牲了自己的生命，为后人换来了自由的生活。"

"所以，"大胡子叔叔回头指着自由女神像说，"自由女神不仅代表着过去美国人民取得的胜利，现在她仍旧是世界人民向往自由的象征。"

"所以自由女神在全世界都很有影响力了？"花花问。

"没错，这座雕像不单单是纽约的标志，她在各国争取独立的过

自由

自由

自由

程中也起到了很大的作用，虽然她位于纽约，但是她也属于全世界人民。"大胡子叔叔回答道。

孩子们点点头，此时，自由在他们心中有了新的意义。

自由

第3章

彩色的帝国大厦

排了好久的队，终于搭上了电梯，随着电梯徐徐上升，纽约全景逐渐尽收眼底。

"大胡子叔叔，你说这支'彩色铅笔'叫什么名字？"吉米总是记不住一座楼的名字。

原本趴在玻璃上看风景的映真回过头说道："帝国大厦，对不对？"

花花怕高，躲在大胡子叔叔身后不敢向下看。大胡子叔叔一手揽着花花的肩，一边回答："对。帝国大厦因为被设计成了铅笔形，而且夜晚会亮起彩色的灯，所以吉米叫它'彩色铅笔'也是正确的哦。"

"好大的铅笔！这几天不管去哪里都可以看到它。"

吉米说道。

　　"吉米说得对，帝国大厦位于第五大道，在曼哈顿周边的任何角落都可以看到它。"大胡子叔叔说道。

　　电梯停了。孩子们随着大胡子叔叔走出电梯，花花终于松了一口气，开始活泼起来："大胡子叔叔，我们现在在哪？"

　　"我们现在在帝国大厦的第102层观景台。今天天气不错，我们可以看到周围100千米的风景呢。"

　　"叔叔，帝国大厦是干什么用的呢？"吉米环顾着来来往往的游人问道。

　　"是用来参观的，对吧？"映真抢着回答。

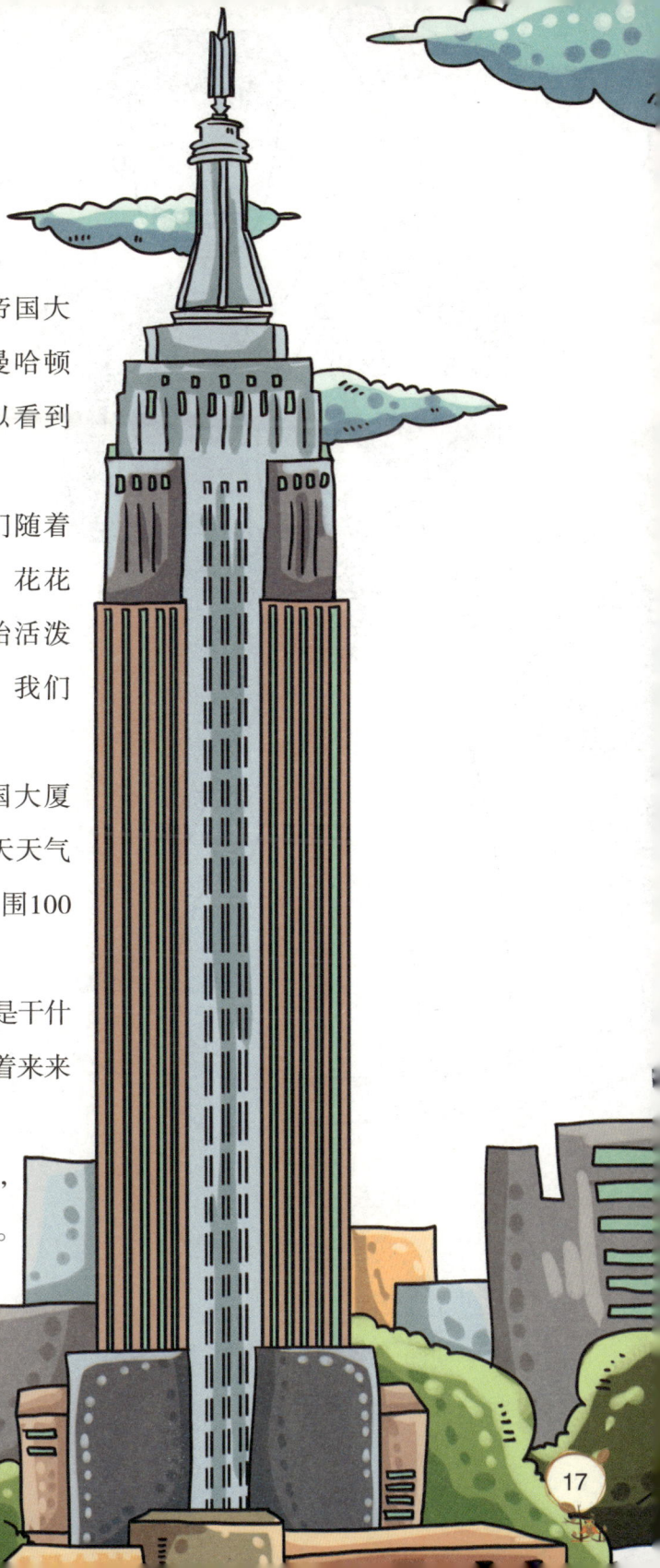

"还可以举行婚礼。"花花刚刚看到了身穿婚纱的新娘，很肯定地说。

"都没错。由于帝国大厦处于最繁华的地区，所以它的名气很大。很多人选择在这里租用办公室，增加公司的可信度。同时，帝国大厦还是纽约最著名的景点之一，和自由女神像一样，几乎成为纽约的代名词。所以世界上很多人都会到这里来旅行，这里的餐厅、博物馆、彩灯，都是人们想要参观的。"

"听说，这里还会有庆祝中国新年的活动呢，对吗？"花花问。

"没错，随着中国在世界的地位不断提高，从2001年起，每年中国的新年期间，帝国大厦外面都会亮起象征着吉祥如意的红色和黄色的彩灯呢。"大胡子叔叔一边说，一边摸了摸花花的小脑袋。

“那真的可以举行婚礼吗？”花花关心地问。

“当然可以。”大胡子叔叔回答道，“从1994年起，这里就成为年轻人最钟爱的举办婚礼的地方，不过想在这里举办婚礼可不是那么容易的哦。”

“为什么呢？”

“因为想要在这里举办婚礼的人太多了，所以要提前联系这里的管理者，说一下他们想要在这里举办婚礼的原因，然后管理者们再选出最有创意的人，才可以呢。”大胡子叔叔说。

“原来是这样。”吉米为了表示听懂了，连着点了两下头。

“看，自由女神像耶。”花花指着观景台外开心地叫着。

“没错，在帝国大厦可以清晰地看到自由女神像，不止这个，看那边。”孩子们顺着大胡子叔叔指

的方向看去，"那是赫德逊河，还有华盛顿大桥，都是纽约著名的景点。"

"那块绿色的长方形是什么？"吉米问道。

"那是著名的中央公园，我会带你们去看看的。"大胡子叔叔回答道。

"看，那些楼都好小。"吉米指着楼下只能看到楼顶的建筑群说。

"是的，因为这里太高了，所以30层以下的建筑，我们只能看到楼顶。中国有一句古诗是怎样说的来着？"大胡子叔叔有意考考花花。

"会当凌绝顶，一览众山小。"花花立即说了出来，得意极了。

　　"孩子们，你们看，"大胡子叔叔抚摸着大厦的墙壁说，"帝国大厦虽然建造时只用了不到两年的时间，但很坚固。它使用了大量的钢铁和花岗岩石，而装饰用的大理石则来自世界不同的地方。"

　　"帝国大厦是一个伟大的地方。"花花仰起头看着大胡子叔叔说。

　　"是啊，帝国大厦在美国人的心中早已不是单纯的建筑了，它可以说是所有美国人的骄傲呢。"

　　"以后我要在这里举行婚礼！"花花说道。

　　"我要在这里开世界上最好的餐厅！"这是吉米的梦想。

　　"我以后要做建筑师，建造同样伟大的建筑！"映真说。

　　"你们都会做到的，孩子们。"大胡子叔叔微笑着看着窗外灿烂的阳光。

第 4 章

天罗地网

"又一座桥！"吉米托着脑袋靠在船头，说道，"这里到底有多少座桥啊？"

此刻，孩子们正和大胡子叔叔一起坐在观光船上，围绕着曼哈顿航行。

"是的，好多桥，像一张网……"映真说。

"哈哈，纽约的桥非常多。不同的桥交织起来，就像一张网，所以被人们称作'天罗地网'。我们乘坐巡航船环游纽约市中心，要经过20座桥梁，越过4条隧道，73个地铁分站呢。"大胡子叔叔介绍说。

"这么多的桥都是用来干什么的呢？"吉米是个好奇心很强的小男孩。

"是用来运输的吧？"花花回答道。

"没错。这里的人们把自己称作是居住在'桥梁隧道中的人'。在市中心的另一边，通过

这一座座的桥连接着另一个州。那里可以为纽约提供大量的劳动力，每年有不计其数的人通过这些桥梁、隧道来到市中心，在这里寻找工作和各种机会，来实现自己的梦想。"大胡子叔叔捋了捋被风吹得有些乱的胡须说道。

"这里的桥和自由女神一样著名吗？"映真把一只手搭在额头上向远方眺望着问。

"没错，孩子，你看！"大胡子叔叔指着远方。

孩子们顺着他指的方向看到了一座雄伟的铁索桥，不禁发出赞叹："好壮观的桥！"

"那是举世瞩目的布鲁克林大桥，它横跨纽约东河。布鲁克林大桥建成于1883年，被誉为世界的八大奇迹之一。同时，它还是世界上第一座钢索大桥哦。"大胡子叔叔知道的可真多啊，孩子们心想。

"还有其他著名的大桥吗，大胡子叔叔？"花花问。

"哈哈，当然有啊。比如1909年建成的昆斯区桥，还有1964年建成的维拉扎诺海峡大桥，它是当时世界上最长的吊桥呢。而跨越伊斯

特河到达布鲁克林的曼哈顿桥，则以装饰辉煌著名。"每次说起这些桥，大胡子叔叔总是一副沉醉的样子。

"大胡子叔叔，这里除了桥，还有很长很长的隧道，对吧？"吉米作为一个美国小男孩，认为自己知道的会比花花和映真多一点。

"没错，这里还有很长很长的隧道。"大胡子叔叔学着吉米的语气说道，"比较著名的有林肯隧道和霍兰隧道，这两条隧道都连接了不同的小岛。"

"这些隧道和桥梁就像我们体内的血管，是纽约活力的来源。大量的货物、商品，还有来自世界各地的人们，都是通过这些隧道和桥梁汇聚到这里，又分散到世界各地。所以说，这里的'天罗地网'不是困住自由的网，而是提供活力的网哦。"大胡子叔叔越说越开心，站起来张开双臂做出拥抱的样子。

"噢，真是神奇的'天罗地网'呢！"吉米学着大胡子叔叔的样子张开双臂。

第5章

诱人的美食

今天，大胡子叔叔带着孩子们在纽约进行了一场美食之旅。

"这里的热狗太好吃了。"吉米擦着嘴巴说。

"当然了，孩子们，你们知道吗？位于纽约布鲁克林的科尼岛可是热狗的故乡呢。"大胡子叔叔说道，"热狗在美国是很普通的一种食品。所谓的热狗就是在剖开的长形小面包中夹一条香肠，食用前先烤热。在1906年以前，热狗还没有一个确定的名字，直到一位名叫哈里的点心师，把他制作的夹了香肠的长面包推销到纽约的棒球赛场，它才成为了风靡一时的食品，当时的漫画家就在漫画中创造了'热

狗'这个名字。"

"所以说纽约才是热狗的故乡。"吉米打了一个饱嗝说。

"是的，贪吃鬼。"大胡子叔叔刮了一下吉米的鼻子说，"不止热狗，纽约的美食文化也世界闻名哦。"

"大胡子叔叔，纽约的美食文化是怎样的呢？"映真问。

"在纽约，厨师们可以运用新的科学技术制作出具有美国特色的新食品，还可以制作出世界上任何一个地方的美食。"

"大胡子叔叔，为什么纽约会有其他地方的好吃的东西呢？"花花问。

"我之前说过，纽约是一个很年轻的城市，只有300多年历史。它像年轻人一样，充满了活力。这里聚集了来自世界各地的人们，因此纽约的饮食文化受到许多外来人口的影响，非常多元化。纽约市大约有4000多个领有执照的小吃摊贩，许多都是外来移民。除了小吃摊外，纽约也是高级餐厅聚集地。"大胡子叔叔介绍说。

"我知道，还有汉堡！"吉米拍了拍肚子，盯着路边一个卖汉堡的快餐店说。

"是的。快餐在美国已经有百年历史了，热狗摊、快餐厅比比皆是。同时，这里比较著名的还有犹太人的硬面包和薄饼卷。"

"大胡子叔叔，纽约有这么多好吃的，是因为这里的人都喜欢美食吗？"吉米问。

"纽约汇集了世界各地的游人，丰富的美食当然是吸引游人的原因之一。除此之外，一个城市可以为世界各地的人们提供不同的美食，证明了这个城市是有包容力的。同时，发展美食文化还可以带动其他方面的发展，比如关于美食的书、美食的工厂等等，并且大量的美食吸引着游人，这也是纽约旅游经济的重要来源呢。"

"嗯，美食除了填饱肚子，还有这么多用处啊。"映真做沉思状说道。

"看，那里有个好漂亮的餐厅哦。"吉米赞叹地说。

"哦，贪吃鬼，在纽约要到餐厅吃饭可是有很多要求的哦。"大胡子叔叔说道。

"哦？是什么要求呢？"吉米问。

"首先，我们要获得朋友或者餐厅服务员的推荐，这样才能更快地找到适合自己的餐厅和美食，否则会浪费很多时间。其次，因为游

汉堡

人众多，所以很多餐厅都是要打电话或者到网上提前预订座位的，否则去了也有可能吃不到东西。最后，我们还要准备好给服务生的小费，一般都是餐费的8.25%，然后再加上1美元求个好运气。当然了，门卫和衣帽侍者也都是需要给小费的。这是礼貌的做法哦。"大胡子叔叔笑呵呵地说。

"这是传统吗？"花花问。

"没错，在这里，每一个努力工作的人都该受到尊重，而在餐厅吃饭给人家小费，是就餐者对餐厅工作人员表示尊重的一种方式。"大胡子叔叔回答说。

别忘了给小费哟！

第 6 章
世界上最好的地方

"孩子们，你们猜我们现在在哪里？"大胡子叔叔蹲在地上，双手捧着脸扮可爱状，看着三个孩子。

"美国。"

"纽约。"

"曼哈顿。"

你们猜我们现在在哪

听着孩子们好像词语接力似地回答问题，大胡子叔叔笑得胡子一颤一颤的。

"没错，我们正在世界上最好的地方！"

"曼哈顿也被称作'世界上最好的地方'，对吧？"映真问道。

"对。想知道是为什么吗，孩子们？"

"当然。"孩子们异口同声地回答。

"曼哈顿位于纽约中心最小的一个小岛上。最初一个叫亨利的荷兰人只用了相当于现在24美元的钱就买下了这个小岛。"大胡子叔叔说道，只见三个孩子不可思议地眨着眼睛。

"现在这个小岛已经是纽约的市中心，成为纽约最繁华的地方，纽约的大企业和商业中心基本都分布在这里，比如保险公司等。"大胡子叔叔认真地说。

$24

曼哈顿

"曼哈顿有很多的高楼呢。"花花仰着头说。

大胡子叔叔介绍说："是的。这里是世界上最大的摩天大楼集中区，共耸立着5500多栋高楼，比如洛克菲勒中心、克莱斯勒大厦等，其中35栋超过了200米。

"在曼哈顿下城有一条长仅1.54千米、面积不足1平方千米的街道——华尔街金融区，那里集中了几十家大银行、保险公司、证券交易所以及上百家大公司的总部，这条街上有几十万的工作人员。曼哈顿也因此成为世界上最富裕的地区。"

大胡子叔叔话音刚落，街边的霓虹灯、摩天大楼里的灯光、彩

色墙壁的彩灯几乎同时亮起，整个城市瞬间变得美丽而魔幻。

"好美哦！好像梦幻的王宫。"花花是个充满幻想的小姑娘。

"每到夜晚，曼哈顿的数千栋摩天大楼通宵而亮，而这些灯火可以说是纽约强大经济实力的证明，于是曼哈顿被称为'世界上最好的地方'。"大胡子叔叔解释说。

"这里的大楼可以赚到很多的钱吧？"映真问。

"没错。原本规划在岛南部的保险行业及银行也被这里良好的环境吸引过来。"大胡子叔叔说，"所以，许多的商店和为人们服务的行业也开始在这周围聚集，曼哈顿就这样越来越具有吸引力，并最终发展成为现在这个'世界上最好的地方'。"

"这里还有很多好玩的地方。对吧，大胡子叔叔？"吉米问。

"没错，曼哈顿的游览项目非常多，比如过段时间我们要去的中央公园等，这里的人们和游客一样时时刻刻都会受到活力与激情的感染。从在顶级餐馆用餐到在百老汇大街参观充满活力的影剧院，到唐人街、修道院，再到艺术博物馆……真可以说，在曼哈顿，你可以体验到你能想象到的任何娱乐。"

"可以享受到世界各地的美食，还能看到不同地方的人。"花花说，"大胡子叔叔，我看到了很多中国的叔叔阿姨呢。"

黄种人

白种人

"没错，因为曼哈顿中的某些区域是一些特定民族聚集的地方，比如中国城，小意大利区，还有主要居住黑人和西班牙裔人的哈林区，所以曼哈顿也是纽约文化最为丰富的地方。在这里你可以听到多种语言，可以看到不同地区的人们，比如扛着巨大音箱唱着摇滚的黑人小伙，比如穿着中国旗袍、金发碧眼的美国女郎，甚至还可以听到中国的叫卖声呢，花花。"大胡子叔叔对中国文化也情有独钟。

花花开心地点了点头。

"我知道了，'世界上最好的地方'，要有大楼，要有钱，还要有很多不同种族的人，对吧？"映真问。

"更准确地说，是要有强大的经济实力，同时还要能包容不同种族的人和文化。"大胡子叔叔进一步补充道。

三个孩子你看看我，我看看你，似懂非懂地点点头。

"哈哈，以后你们就会明白的。"大胡子叔叔看着孩子们的表情鼓励道。

哇

第 7 章

音乐之声

　　"哆，唻，咪……"花花双手背在后面，哼着歌蹦蹦跳跳地走在前面。她还沉浸在刚刚的音乐剧里。

　　"大胡子叔叔，百老汇也有故事吗？"映真问。他非常喜欢听大胡子叔

让我想想看

老汇故事吗？

叔讲故事，可以学到不少东西呢。

"当然有啊！嗯，让我想想。"大胡子叔叔故意卖起了关子。

"百老汇是什么意思啊？"吉米捏着下巴问道。

大胡子叔叔回答说："百老汇的原意是宽阔的街，具体是指以纽约市中心为起点，由南向北纵贯整个曼哈顿岛。它是世界上最著名的大街之一，全长大约25千米，其中最出名的一段叫作白色大街，因为在没有霓虹灯之前，这里所有的灯光都是白色的，整条街道看上去都是雪白的，白色大街因此而得名。"

"啊，这里又是纽约的一个好地方呢。"吉米很认真地说。

"说得没错呢。你们知道吗，百老汇在1811年，纽约进行正式建设之前就已经存在了哦。在百老汇，有很多的戏院、剧院，现在它已经成为美国戏剧行业的代称了。我们刚刚欣赏的音乐剧《音乐之

百老汇

声》，早在1959年11月就在百老汇首次上演了。"

"那里面的歌真的很好听啊！之前我只在电视上看到过，还是黑白的呢。"花花又开始哼歌了……

"那现在呢？"映真听得津津有味的。

"现如今，百老汇大道已成为美国现代歌舞艺术的聚集地。这里的歌舞剧每年都会吸引上百万来自世界各地的游客，这里上演的每一出歌剧、戏剧，都是正宗的美国特色。而欧洲、亚洲等世界其他地方的人们，都喜欢把百老汇叫作音乐剧。这里除了游客，还会聚集很多怀揣梦想的人。他们热爱戏剧，热爱表演，而这里无疑是他们实现梦想的地方，当然，这需要很多的努力。但是我想，世界上不会再有第二个地方会让人如此充满幻想，如此沉醉和着迷。"大胡子叔叔眼睛亮亮的，一副陶醉其中的样子。

"大胡子叔叔，我还是不明白百老汇到底是什么。"吉米迷迷糊糊地说。

"'百老汇'这个词具体来说有三个意思：一是指纽约市时代广场附近12个街区以内的36家剧院；二是指在这个地区所进行的演出，就像我刚刚说的，这已经是美国戏剧行业的代名词了；三是指百老汇产业，也就是戏剧、戏剧院，以及这些剧院到外面演出的活动等的综合说法。"

"哦，这样啊。"吉米若有所悟地说，花花也眨巴着眼睛。

"总之，这是一个美妙的地方。"大胡子叔叔笑呵呵地说。

"大胡子叔叔，这里都会有什么样的表演呢？"映真疑惑地问。

"哈哈。这里上演的都是高雅的音乐剧，以经典剧目为主，当然也有一些比较有创意的新剧目。夸张，幽默，风趣，活泼，自然，轻松，是百老汇演出的一贯风格。"

"这里可以说是音乐剧的大舞台啦。"花花说。

"没错，就像它的名字一样，音乐剧汇集了不同唱法的歌曲，包括不同的乐器，可以在视觉和听觉上带给观众极大的冲击力，而百老汇无疑是上演音乐剧最理想的舞台。这里有富丽堂皇的舞台背景，有现代化的科技制造出来的梦幻般的灯光效果，有完美的音乐配合，还有精湛演技的演员……每一台音乐剧都可以成为经典。"大胡子叔叔双手交叠在胸前，做出表演的样子说道。

"所有的美国人都会到这里看音乐剧吗？"

"我想，每个人都想到这里来看音乐剧吧。现如

今，百老汇已经是纽约最强大的文化产业。它的表演形式集音乐、戏剧、舞蹈于一体，有些剧目更是融高雅艺术和大众文化于一体，具有很强的观赏性和娱乐性，人人都可以看懂。每年来这里观看表演的外国人甚至超过了美国本地人哦。"

"这证明百老汇在全世界都是很有名气的，对吧？"吉米作了最后总结。

"没错。"大胡子叔叔眨眨眼睛，看着三个可爱的孩子。

第 **8** 章
不眠的时报广场

"大胡子叔叔，你骗人啦，这哪里是广场？"花花嘟着嘴说。

"就是啊，这里哪像广场啊？"吉米难得和花花看法一致。

"哈哈，孩子们，这里就是著名的时报广场哦。因为纽约特色的建筑和众多的摩天大楼，所有道路都被切割得又细又长。这里就

是由百老汇大道和第七大道切割出的三角形地区，虽然看上去像是宽阔的街道，但是在纽约，这里足以算得上是广场了。"大胡子叔叔解释道。

"这样啊。为什么叫时报广场呢？"花花问。

"之所以叫这个名字，是因为《纽约时报》——美国最著名的一份报纸，它的总部大楼坐落在这里。到今天，这里已经有100余年的历史了，2004年还在这里举行了建成100周年庆祝活动呢。"

"我还见过有关活动的照片呢。"吉米在大胡子叔叔的相册里见到过叔叔参加时报广场庆祝活动时的照片，心里有那么一点得意。

"你还记得啊，孩子。"大胡子叔叔摸摸吉米的小脑袋说，"同时，这里还是美国的文化中心，聚集了很多的剧院、宾馆、餐厅，被世界赋予了一个很有意思的名字：世界的十字路口。"

"那是因为这里很繁华吗？"映真问。

　　"没错，在美国人眼中，时报广场是不能错过的景观，他们认为在这里才能真正感受到美国独特的文化气息。"大胡子叔叔回答说。

　　"大胡子叔叔，那些画是用来做什么的呀？"花花不解地问。

　　"哈哈，那些是做宣传用的大幅海报和五彩斑斓的广告。它们和绚烂的霓虹一起，也成了纽约的标志。"大胡子叔叔笑哈哈地说，"你们知道吗，时报广场是唯一一个政府明文规定，在规划范围内，业主必须悬挂亮眼广告和海报的地区呢。这些花花绿绿的海报，也正是美国人自由、热情、有活力的文化体现。同时这里还被称作艺术与财富牵手的疯狂的三角区呢。"

"这里有我们中国的广告吗？"花花转动着小脑袋四处看着。

"当然了。从2011年8月1日起，这里亮起了中国屏，你们看，就在那里——"顺着大胡子叔叔指的方向，孩子们看到了一块巨大的屏幕，上面显示着中国字，不停地播着关于中国城市的宣传片。

"很多美国人看了这些宣传片，都期待到中国去看一看呢。"听大胡子叔叔这么说，花花开心地笑了。

"我听妈咪说过，这里在新年的时候很美哦。"吉米说。

大胡子叔叔说："没错，很多人都是因为这里著名的'新年倒计时'活动而知道时报广场的。这项活动源于1904年，《纽约时报》选在除夕当天迁入新大楼，

并在午夜燃放烟花庆祝，从此它就变成时报广场每年都要举行的活动了。每年的12月31日，会有来自世界各地的人们聚集在这里，一起倒计时，一起在灿烂的烟花中迎接新的一年的到来。"

"真好，我也想参加呢。"花花喜欢一切热闹的场面。

"我也很想，我喜欢烟花。"映真充满期盼地说。

大胡子叔叔补充道："不止烟火呢。每年的12月31日，这里会悬挂一颗200磅的彩球。在新年到来的一刹那，彩球会爆裂开，那时会有无数的彩带飘下来，就像下了一场彩色的雪。"

"那是不是可以许愿？"花花做祈祷状仰头、看着被摩天大楼切割成不同几何形状的天空。

新年

Yeah!

"当然啦，除此之外，这也是纽约政府对人们的一种感谢仪式。"大胡子叔叔说。

"为什么呢？"吉米问。

"因为纽约有着来自世界各地的人。这些人在这里生活和工作，是纽约活力的来源。"大胡子叔叔说，"没有他们，就没有纽约的繁华热闹。因此，为了向这些辛苦的人们表示感谢，就有了这彩色的雪花仪式。"

孩子们点点头，想象着彩色雪花飘落的样子……

家……

彩色的雪

第9章
繁华的中国城

    大胡子叔叔带着几个孩子坐在餐厅里。花花托着下巴看着窗外，轻轻地叹了一口气。

    "花花，怎么了？"映真问。

    "我有点想家了。"

    "哈哈，孩子，在这里你同样可以找到家的感觉。"大胡子叔叔用食指蹭了蹭鼻子下面的胡须说。

    "真的吗？"花花立刻有了精神。

    "当然啦！走，我们现在就去一个地方。"

    仍旧是熙熙攘攘的街头，却能看到

高挂的红灯笼；仍旧是身在纽约，耳边却充满了亲切的语言，甚至还有方言！

"看，还有寺庙！"花花兴奋地叫着。

"我知道，这里是唐人街，对吧？"映真说。

"没错，这里叫作中国城，也叫唐人街。"大胡子叔叔对中国的文化很熟悉。

"我知道黄飞鸿！"吉米非常喜欢中国功夫，一提起唐人街，小家伙首先想到了黄飞鸿。

"唐人街有很长的历史了。唐朝时的中国异常繁荣，国际上的交流也非常频繁，于是就出现了早期的华侨。那时中国人移民国外的是非常少的，于是这些华人就聚集在一起，慢慢就形成了唐人街，在那时也被称作大唐街。因此，可以说唐人街是华侨历史的一种见证呢。"大胡子叔叔解释说。

"这里真的有很多我家也有的东西呢。"花花说。

"是啊，曼哈顿的唐人街是纽约发展最完善的唐人街呢。现代的唐人街早已经不单单指华人聚集地了，而是已经成了中国文化区的代名词，这里的餐馆、商店、装饰无一不体现着浓浓的中国味。"大胡

子叔叔回应道。

"快看，那个是什么？是神像吗？"吉米指着一座雕塑问。

"那可不是神像，那是孔子像。"大胡子叔叔点了点吉米的小鼻子说，"孔子是中国历史上最伟大思想家、教育家。那座红砖高楼就是孔子大厦。在曼哈顿的唐人街，居住着数十万的中国人。他们在这里建商店、开餐厅，也把中国文化带到这里。面前这座孔子大厦，就是中国儒家文化的代表。"

"还有那个，被人举着的狮子和……有爪子的蛇。"

映真想了好久也想不起该叫什么，只好这样说道。

"是舞狮啦。还有，那个是龙，不是蛇。"花花纠正道。

"没错，每逢中国的春节，唐人街就会举办各种具有中国特色的活动，比如舞狮、舞龙，甚至还有比武大赛。在唐人街，有很多教授中国功夫的武馆，很多美国的小孩子都很崇拜中国功夫。"大胡子叔叔也很喜欢中国功夫呢。

"大胡子叔叔，唐人街的中国人过着和我们一模一样的生活吗？"花花问。

"不完全一样
呢，我的孩子。"大胡子叔叔
眨眨眼睛说，"虽然这里居住
的几乎是中国人，这里也都是具有中
国特色的建筑，但这里毕竟是纽约，
必定会受到美国文化的影响。因此，
这里的中国文化一方面极致地体现着
华夏文明的魅力，另一方面又在美国文化
的渲染下，形成了自己的特色。"

　　"大胡子叔叔，纽约人也喜欢中国城
吗？"花花问。

　　"当然了，唐人街给纽约带来了不一
样的文化。美国人都很喜欢中国城哦。"

　　"嗯，我也喜欢纽约。"花花点点头
说，"我们都是好朋友。"

第10章
美丽的中央公园

"这里好安静哦，和前几天去的地方都不一样呢。"花花两手拎着裙角转着圈圈。

"大胡子叔叔，在城市里会有这么大的公园，很惊喜哦。"映真说。

"这里是中央公园，我听爸爸说过。"吉米捡起地上的一片落叶说。

"是的，这里就是中央公园。记得我们在帝国大厦观景台看到的巨大绿色长方形吗？就是我们现在所在的地方。"大胡子叔叔用力地吸了一下清新的空气说。

"这里有多大呢？"映真问。

"中央公园是世界上最著名的城市公园，占地约

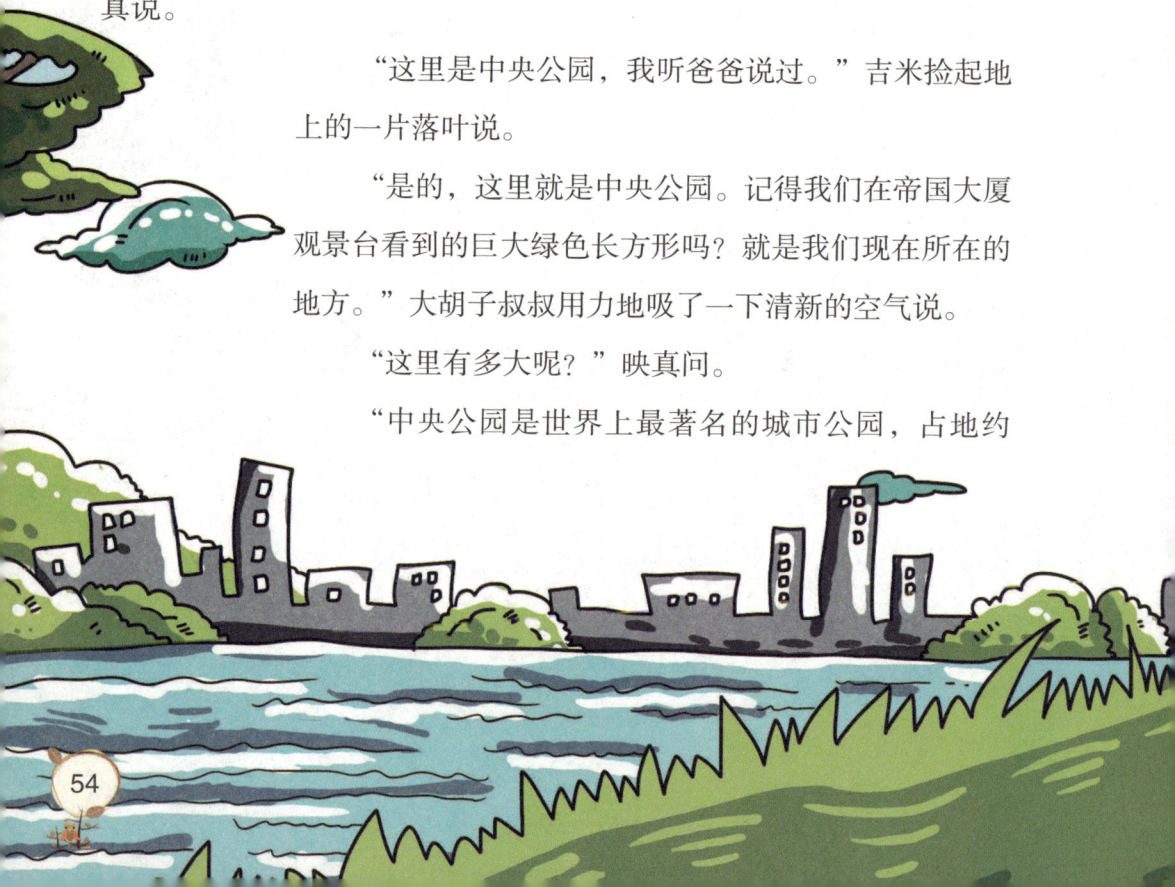

3.41平方千米，里面有树林、人工湖、牧场、游乐园、野生动物园、溜冰场、运动场、剧院、广场、大大的草坪以及各种各样完善的公共设施，是城市居民放松心情的好地方呢。"大胡子叔叔一口气说了这么多，干脆坐在了草地上，孩子们也围了过来，继续听他讲。

"这里也有故事吗？"

中央公园
是世界上最著名的
城市公园

花花满怀期待地问。

"那是当然了，每个美丽的地方都有它美丽而独特的故事呢。"大胡子叔叔仰望着天空说，"你们知道吗，1811年纽约进行城市规划时还没有中央公园呢，但是在1821～1855年期间，纽约市的人口增长到原来的4倍，其中包括了大量的移民。人口的增长促进了纽约的飞速发展，无数的摩天大楼拔地而起，数不清的工厂、企业、大公司开始运营，餐饮业也越来越发达。但问题也随之出现了。"

"我知道，是污染！"花花机敏地说。

"是的，不干净的空气，还有吵吵闹闹的噪音。"吉米想起这些，皱皱鼻子说。

"这样人们的生活多不舒服啊。"映真也说。

"是的！人们的工作越来越繁忙，生活越来越紧张，空气质量越来越差。这时，很多人从市中心搬出去，只为了找到一个比较宽阔、安静的场所，能够更好地休息、生活。"大胡子叔叔说。

1853年

"然后，中央公园就出现啦？"花花问。

"是的。意识到生活环境变得不好之后，很多有影响的媒体纷纷建议政府建立大的公园，市民们也纷纷表示他们需要一个良好的休息环境。终于，在1853年，政府正式出台了关于修建城市公园的政策，并规划出了具体地点。曼哈顿岛最大的公园——中央公园，就这样诞生了，并在1873年正式建成。"大胡子叔叔说。

"用了那么长时间啊？"吉米掰着指头计算着。

"是啊，因为在这期间，中央公园的修建遇到很多的困难。比如要先安置原本居住在这里的居民，要清理所有的土地，要运来很多的泥土，还要修建不同的建筑等。"大胡子叔叔介绍说。

"大胡子叔叔，这座伟大的公园是谁设计的呢？"花花问道。

　　"纽约政府在1857年举行了设计大赛，向全美国的人民征集公园的建设意见，最后景观建筑师奥姆斯特德和卡尔弗特的草坪设计最受大家喜欢，中央公园的设计就这样确定了。"

　　"这里一直像这样受欢迎吗？"映真问。

　　吉米在一旁说："一定是的，这里这么漂亮！"

　　大胡子叔叔说："并不是一直这样子呢。孩子们，中央公园也经历了很多的磨难呢。"

　　三个孩子聚精会神地听着，大胡子叔叔继续说："1873年中央公园建成后，没有多久就衰落了，因为当时纽约最具影响力的领导人对这里漠不关心。而在20世纪初，汽车越来越普遍，人们可以活

20世纪初

动的地方越来越少，公园除了野餐和散步，还逐渐被人们用来运动、举行聚会等。到这里的人很多，却没有人对这里进行维护和清洁，于是这里很快就败落了，面临着关闭的风险。"

"为什么会这样呢？我非常喜欢这里。"花花眼圈红红的，像快哭了似的。

"那都是过去的事情啦，花花。"映真像个大哥哥一样安慰她。

吉米皱皱鼻子说："那后来怎么样了？有英雄出现来拯救中央公园，对吧？"

"哦，我的孩子，当然会有拯救这里的英雄了。不过，可不是一个人，而是一群人哦。哈哈。"大胡子叔叔被吉米逗笑了，"1934年，瓜迪亚当选纽约市长，他联合五个与公园有关的部门，对公园进行整修，当时一位名叫摩西斯的人接受了这项任务。短短一年时间，

摩西斯不仅整顿了中央公园，还整修了纽约很多其他的公园。他派人清理了垃圾，重新种植了花草树木，这里又变得美丽了。"

"摩西斯真是大英雄呢，对吧？"吉米对英雄一直很崇拜。

"不仅如此，摩西斯认为，公园应该让人们获得快乐、得到放松。于是他又修建了娱乐场所、运动场，并且把这些场所和休息区划分开，这样就解决了人们互相影响的问题。"大胡子叔叔回答说。

"那其他的英雄在哪里呢？"花花问。

"就是纽约的市民啊。他们对整修中央公园的举措非常支持，自发捐助了很多钱用来修建这里。所以，这里的美丽，是大家一起努力的结果呢。"

"看，那里有新娘！"花花对美丽的事物总是十分敏感。

"是啊，现在这里不仅是人们休闲娱乐的场所，还是很多年轻人一起走向婚礼殿堂的地方呢。"大胡子叔叔说。

"我也要做英雄，保护美丽的公园！"吉米跳起来，高举着一只手学着超人飞翔的样子。

"当然，我们都要做守护美丽家园的人！"大胡子叔叔捻了捻唇边的胡须，眨着眼睛说道。

第11章
飘雪的圣诞节

"圣诞快乐,孩子们!"胖胖的圣诞老人从身后大大的白色口袋里掏出精美的小盒子递给三个孩子,还不忘送给大胡子叔叔一个。

"大胡子叔叔,纽约的圣诞节和别的地方有什么不一样吗?"映真问。

"嗯,怎么说呢。"大胡子叔叔捏着下巴做了一个为难的表情,

三个孩子眨巴着眼睛看着他，他立刻笑了，"虽然美国所有地方都会庆祝平安夜和圣诞节，但是纽约的圣诞节可是最多姿多彩的呢。这不仅是人们表达对纽约的热爱，而且这还是向来自世界各地的朋友展示美国节日文化。在纽约，有数不清的移民和游人，如果能让他们在异乡感受到浓浓的节日气氛，感受到快乐，是多么好的一件事啊。"

"大胡子叔叔，哪儿的圣诞节装饰最著名呢？"花花急切地问。

"纽约最著名的圣诞节装饰莫过于洛克菲勒中心，那里也是纽约著名的景点。每年的圣诞节，那里都有一颗巨大的圣诞树。"大胡子叔叔告诉孩子们说。

"我知道，那里还有雕像。"吉米说道。

洛克菲勒
中心

"答对了哦，在溜冰场有一座普罗米修斯的雕像，是金色的呢，给溜冰场增添了不少色彩。"大胡子叔叔补充道。

"映真，你会溜冰吗？"花花问道。

"嗯。"映真不好意思地点点头。

"好多的圣诞树啊。"花花突然惊叫起来。

"是啊，不仅仅这里有圣诞树，各个博物馆门前都有圣诞树，还有林肯中心，甚至每个商店都会有自己的圣诞树呢。"大胡子叔叔说。

"我家也有圣诞树！"吉米说。

"当然了，每到平安夜，每家都会有自己的圣诞树。所以说每个可爱的孩子都会得到礼物呢。"大胡子叔叔拍了拍吉米的肩膀说。

"大胡子叔叔，你看，好漂亮哦！"花花指着一家
商店橱窗里的"小仙女"说。

　　"对啊，百货公司的圣诞橱窗装饰也是纽约圣诞
节的一大特色呢。在过节的时候，所有的设计师都会绞
尽脑汁地为自家的橱窗设计出最有特色、最具有节日气
氛、最与众不同的装饰，不仅用来吸引顾客，还可以一
显自己的设计天赋。"大胡子叔叔指着一家百货公司的
橱窗说，"就像那样，每一个橱窗的设计都有自己的主题，比如把相
连的橱窗设计成连幕的话剧，装饰上玩偶，配上音乐和旁白，讲述古
老的圣诞节故事，多么有意思啊！"

　　孩子们认真地听着，大胡子叔叔继续说道："你们知道吗？纽
约人可以说是现代圣诞节的创始人呢。直到19世纪之前，纽约还处在
殖民者的控制下，那时候圣诞节是不受重视的，人们都在过元旦。到
1822年，一位名叫克莱蒙特的诗人写了一本《这是圣诞前夜》的书。
书中把平安夜描绘得既温馨又浪漫，还很生动地描写了一个长着翅膀
的小天使。于是慢慢地，圣诞节不仅成为了人们享受平安的愉快节
日，更表达着人们对美好自由生活的向往和追求。"

"下雪了！下雪了！"花花兴奋地叫了起来，人们几乎同时抬起头看向天空。

真的下雪了，一片，两片，三片……雪花纷纷扬扬打着旋地飘落，落在人们张开的手掌里，落在亮闪闪的圣诞树上，甚至落在女孩长长的睫毛上……

感受着浓浓的节日气氛，孩子们都开心地笑了。

《这是圣诞前夜》

第 12 章

向布鲁克林大桥致敬

"看，那就是布鲁克林大桥！"大胡子叔叔说。

"布鲁克林大桥是英雄的桥，每个男孩子都希望看到，对吧，映真？"吉米说。映真点点头表示同意。

"没错，布鲁克林大桥是英雄的大桥！我们该向他致敬。"大胡子叔叔说。

"啊？大胡子叔叔，我还不知道布鲁克林大桥的故事呢。"花花嘟着嘴巴说。

"愿意为你效劳，女士。"大胡子叔叔行了个绅士礼，调皮地眨眨

！英雄的桥

眼睛，清了清嗓子说，"布鲁克林大桥是美国最古老的悬索桥之一，建于1883年。桥面长1800余米，横跨整个东河，连接曼哈顿与布鲁克林。之前我说过，布鲁克林大桥是世界上第一座钢索吊桥，并且是世界第八大奇迹。每年的7月4日，也就是美国的独立纪念日，人们都会在这里燃放烟火庆祝。在1964年，布鲁克林大桥正式成为美国国家历史地标，所

以现在来说，这座大桥既具有实用目的又有着象征意义。”

"那为什么说它是英雄的大桥呢？"花花问。

"那是因为建造它的人很伟大，是英雄！"吉米昂首挺胸地回答，好像自己是那位英雄一样。

"说得对，绅士！"大胡子叔叔学着吉米的样子故作严肃地说，"布鲁克林大桥是由一位名叫约翰·奥古斯塔斯·罗布林的工程师设计的。他拥有多年的建造悬索桥的经验。然而，很不幸的是，在1869年7月的一天，这位设计师在勘察实际地形时，一艘轮渡撞上了码头，使他受了很严重的伤。"

"哦，这太可怕了。"花花抱着肩膀说。

"是的，孩子。"大胡子叔叔蹲下揽着花花继续说，"由于工作繁忙而疏于治疗，罗布林患上了破伤风，很快就去世了。建造布鲁克林大桥的任务由他的儿子华盛顿·罗布林负责。由于华盛顿太年轻，当时的很多投资者都不相信他，纷纷退出。不过，最终还是有一部分人被自信的小罗布林说服了。"

"那样大桥就可以继续建造啦。"花花说，脸上有了轻松的表情。

"不会那么简单。"映真一脸严肃地摇摇头。

"是的。从建造大桥的初期，小罗布林就坚持亲临现场，但是，桥桩的水下施工非常困难也很复杂，大量的水下工作让小罗布林患上了严重的"潜水员病"，也就是会出现呼吸困难的疾病。当两个桥桩都建造完成时，他的病情已经非常严重了，全身瘫痪，没办法动弹。"

"天啊，太可怕了。那布鲁克林大桥怎么办？"花花眼睛红红的。

"英雄总会有办法的，相信我。"吉米抱着手臂点点头说。

"没错，孩子。"大胡子叔叔认真地说，"小罗布林或许是建筑史上最奇特最伟大的建筑师。他全身瘫痪后，便叫人把他的床放在能看到布鲁克林大桥的窗口，每天用望远镜观看大桥的施工，然后把各项工作安排和指令告诉他的妻子艾米丽，再由艾米丽转交给施工人员。"

"他的妻子也是工程师吗？"花花问。

"很遗憾，她不是。也正因此，艾米丽不得不开始自学高等数学、物理学甚至建筑学，担任了护士和总工程师助理的双重角色。可以说，没有艾米丽，布鲁克林大桥也就无法完成。"

　　"那大家相信他们吗？"花花还是很紧张，"他们已经遇到了那么多困难。"

　　"是的，花花。"大胡子叔叔拍拍小姑娘的肩膀说，"在大桥完

1882年建成通车

工的前一年，有一些人开始质问，将这样一项巨大的工程交给一位病人和一个从未有过建筑学习经验的女士是否合适，甚至还有人开始怀疑小罗布林是否已经神志不清。当时的董事会迫于压力，开始考虑调换总工程师。"

"不要，不可以换的。"花花几乎要哭了，她完全融入了大胡子叔叔讲述的历史故事当中。

"不用担心。大家都不会同意换掉英雄的。"吉米充满了自信。

"吉米说得没错！"大胡子叔叔轻轻握了握拳头表示肯定，"董事会刚刚表示调换总工程师，小罗布林的妻子艾米丽便出面表示抗议，同时开始发动市民支持自己的丈夫，并且亲自向美国土木工程师协会发表演说。要知道，当时的重大工业工程是男性的专属领域，由女性发表演说还是第一次。可是，她成功了，演说之后，董事会发起投票表决，最后以7：1的结果决定继续由小罗布林担任总工程师。"

"谢天谢地。他们胜利了。"花花长长地舒了一口气说。

"是的，英雄们胜利了。1882年，大桥建成通车，那一天有15万人从桥面上走过，举行庆祝仪式，但是，小罗布林和艾米丽都没有露面。小罗布林一生都没有踏上过这座用他和他父亲两代人的生命建造的大桥。艾米丽受到了董事会的表彰，但她表示自己只是因为对丈夫的爱才坚持那么久。"

"她是一个伟大的女士。"花花认真地说。

"所以布鲁克林大桥真的是英雄的桥。"吉米说，映真也点头表示同意。

"是的，人们会永远记住他们的。如今，布鲁克林大桥因为它富

丽典雅的外观，雄伟的高塔和铁索，成为世界人们心目中最伟大的钢索桥，更是许多画家们竞相描绘的对象，同时它也是纽约的标志性建筑之一。"

"嗯，它是真正的英雄的桥！"花花说。

"我要向你致敬，布鲁克林大桥！"吉米行了一个绅士礼，认真地说。

第13章

芳香的植物园

"有点遗憾吧，孩子们？"大胡子叔叔说。

"是啊，参观花园还是春天最好了。"花花也有那么一点点遗憾，"不过这里有温室，还有很多漂亮的花！"

映真问大胡子叔叔："大胡子叔叔，这里有什么特别的故事吗？"

好伟大！

有点遗憾吧，孩子们

　　大胡子叔叔带着三个孩子在一个木制的圆桌前坐下："当然，每个地方都有属于它自己的故事。"

　　"布鲁克林植物园建立于1910年，占地面积21公顷，里面有1万多种植物，被世人称作是纽约的"绿野仙踪"——那是人们形容美丽而充满梦幻的地方所用的词语！这里原本是一个很大很难治理的灰渣倾倒场，经过改造后，已经成为优秀的城市花园与园艺展览的典范，每年要迎接约90万的游客，是纽约最受欢迎的植物园。"

　　"这么神奇啊，这么漂亮的地方曾经竟然是垃圾场哦！"花花有些惊讶地说。

　　"很难想象吧？这可是真实的呢。布鲁克林植物园的设计建造者名叫盖格，他原本是一个从事理论研究的学者，曾经在哈佛大学读植物生理学，并且在1902年取得了植物学的博士学位，随后在纽约大学教授植物生理学。他有一个与其他学者不同的习惯，他会在暑假期间在小区学校开课，甚至在植物园里教导小朋友们认识花朵。他相信花园不专属于少数人，而应是众人共享美景的地方。"大胡子叔叔说道。

　　"盖格是个好人哦！"花花说。

20世纪初

"没错，在20世纪初，纽约市政府找到盖格咨询，能否将当时的布鲁克林灰渣倾倒场加以利用。"大胡子叔叔喝了一口手中的咖啡，继续说，"盖格以专业的眼光看出灰渣虽然是被丢弃的垃圾，但是却是花艺栽培的最佳材料。因为灰渣容易排出多余水分，并且比土壤更有弹性，如果在那上面种植草皮，不容易被踩坏。"

　　"大家听他的意见了吗？"花花问。

　　"当然啦，不然你现在是在哪里呢？"吉米皱皱鼻子说。

　　"是的。盖格的意见提出以后，政府正式对他发出邀请，请他为布鲁克林植物园进行规划设计。而盖格也非常尽心，非常努力，他甚至辞去了大学里的工作，专心打造这片花园，并且在1910年成为这里的首任园长。他曾经提出：花园是让孩子最容易与上帝的爱相遇的地方。因此他专门设计了儿童花园区，那也是世界上最早并且延续至今的儿童花园，这里可以让孩子们自己栽种、灌溉、施肥、除虫等。这里还有世界上第一个盲人花园——芳香园。"

　　"他们要怎样才能看到花朵呢？"花花问。

　　"我知道，他们可以用鼻子。"映真说。

　　"没错，在芳香园栽种着各种芳香花卉——就是那些或许外表不是很美，但是却有浓郁香气的花朵。盲人们可以通过不同的香味辨别出不同的花卉。可惜，今年我们是闻不到啦。"
大胡子叔叔说。

"闻到花香会让人很舒服呢！"花花
闭上眼睛，仿佛已经闻到了花的香气。

"没错！科学研究证明，好闻的味道，比如馥郁的花香，可以释
放压力，治疗疾病。因此，这个芳香园不仅成为盲人们的天堂，还成
为纽约一个特殊的医疗场所，受到很多人的喜爱。处在香气弥漫的世
界，光是想想，就是一件美妙的事情呢！"大胡子叔叔闭上眼睛，深
深地吸了一口气。

"嗯，下次我们要赶在花朵开放的时候来，闻一闻这个花园里的
花香。阿嚏——！"吉米说完，打了个喷嚏。

"我们也要来闻一闻！"花花和映真被吉米逗得哈哈大笑。

BROOKLYN BOTANIC GARDEN

第14章 纽约人的生活观念

"大胡子叔叔，我们今天去哪里呢？"大胡子叔叔带着三个孩子坐在街边的观光咖啡座，悠闲地看着来来往往的人们，花花喝了一口奶茶提出了自己的疑问。

"今天我们哪里也不去。我想要你们用心体会一下纽约人的生活方式。"大胡子叔叔扬起嘴角眨眨眼睛说。

"纽约人的生活方式？你看他们，总是一副很忙的样子。"花花望着街边来来往往的行人说。

"我感觉到了，你看他们。"吉米说，"每个人都会在走路的时候看手表，然后加快步伐，一副很着急的样子。"

除此之外，孩子们还发现在街头很多地方都可以看到显示时间的表，比如站牌上，比如商店橱窗中。

"没错，这是纽约人生活的一大特色。在纽约，似乎到处都可以听到'滴答滴答'的时钟的声音。"大胡子叔叔点点头表示赞同。

"纽约人为什么这么忙呢？"花花问。

"实际上，每个在工作的人都会很忙。但是这种'滴滴答答'的声音，还有纽约人特有的时间观念，与纽约的历史发展有关。孩子们，你们想知道吗？"大胡子叔叔停下，故意卖了个关子。

"当然啦！"三个孩子拼命地点头。

"我之前说过，美国是一个很年轻的国家，纽约也是一个很年轻的城市。而无论是从提供人们工作，还是提供人们方便的生活等方面来说，纽约已经渐渐成为美国最重要的城市。这一切的发展都集中在这短短的300年，因此造就了纽约人的工作与时间观念——他们视工作为生命。在纽约，无论多么富裕的人或家庭，他们都要有自己的一份工作。他们很敬业，对于工作充满了热情。在他们的观念里，闲着不干事，浪费时间是很不好的事情，他们认为工作可以体现自己的价值。"大胡子叔叔说。

　　"正因为大家这样努力，纽约才变得这么厉害吧！"花花说。

　　"是的，只有有活力的人，才能创造出有活力的城市。"大胡子叔叔总结。

　　"可总是这样辛苦工作，会很累的啊！"吉米皱皱鼻子说。

　　"哈哈，大家当然不会一直工作啦。"大胡子叔叔说，"充满活力和死板的工作狂可是不一样呢。纽约人会把工作和休息时间分

下班啦

得很清楚，该工作就工作，所有的事情都会在工作时间内完成。而到了休息的时间，他们就不会再涉及工作，这段时间是不可以被打扰的。你们看，"大胡子叔叔示意孩子看那些刚刚下班的人们，果然，他们都显得很轻松，"在这里，每周五的晚上是朋友们聚会聊天的时间，人们可以尽情地唱歌、聊天，而周末则是属于家人的聚会游玩时间。"

"他们既会工作，也懂得休息。"映真说。

"这也和纽约的历史文化有关系。纽约是大家通过努力工作建立

要想开心地玩
就要先努力工作

起来的，而这个成果需要大家继续努力工作使它保持下去，但人们也渐渐学会了享受成果。"

"是的，要想开心地玩，就要先努力工作。"吉米抱着手臂故作认真地说道。

"说得没错，纽约就是这样的城市呢。"大胡子叔叔心里悄悄地说：带你们来这里的目的达到啦！

第15章 放飞和平的白鸽

　　大胡子叔叔、花花、吉米、映真以及很多人，站在纪念碑前低头默哀。他们所处的大广场中有很多人，但是现场很安静，即使有人交谈，也是低声的。

　　"大胡子叔叔，这些都是在那次可怕的事件中去世的人吗？"花花小心翼翼地问。

"是的，孩子们。已经过去这多年了，但是那个噩梦或许会留在所有纽约人甚至美国人心中。"大胡子叔叔的语气有些沉重，"2001年9月11日上午，恐怖袭击事件摧毁了原本雄伟的世贸中心，那是所有人的噩梦。"

　　"那时候我还没有出生呢。"吉米算了一下，说道。

　　"这里是专门为纪念'9·11事件'建立的吗？"映真问。

　　"没错，这里是纽约世贸大厦的遗址，曾经是纽约最高的摩天大楼，在那次事件中这里几乎完全被摧毁。为了纪念那些遭遇不幸的人们，纽约市政府向全世界征集设计方案，在这里建造了这个'9·11事

件'纪念碑广场。"大胡子叔叔带着孩子们到路边的长椅上坐下，看着身着深色衣服默哀的人们说。

"孩子们，你们看那两个方形的瀑布池。那是曾经的双子大楼倒塌后留下的大坑，设计师把它们设计成瀑布池的样子，瀑布的声音可以让人们内心宁静。看见那个斜坡了吗？我们过去。"大胡子叔叔站起来，揽着三个孩子向斜坡走去，"从这里，我们可以进入纪念馆。"

"就是说，不仅有纪念广场，还有纪念馆了？"花花压低声音问。

"没错，整个纪念场所实际上是由三个部分组成的：两个方形瀑布池，主体是建立在地下的纪念馆，还有环绕它们的成群树木。"

　　说着，孩子们已经跟着大胡子叔叔走进了纪念馆，他们发现自己正被一层薄薄的水幕包围着，而四周的墙壁上则刻满了人的名字，有很多人在墙壁前低头默哀。

　　"外面的纪念广场是一个过渡空间，人们可以在那里休息，也可以在那里缅怀。而这里相对独立一些，很多不幸者的亲人会在这里点燃蜡烛，纪念他们深爱的人。"

　　"这真是一个令人伤心的地方。"花花大大的眼睛里闪着泪花。这次吉米也没有笑她哭鼻子，因为小男孩的眼圈也是红红的。

　　"我认为，这里是纪念的地方，也是一个更有意义的地方。它可以让以后的孩子们更好地了解这段历史。"映真费力地表达着。

"映真说得没错。这座纪念馆是为纽约人甚至所有美国人的子孙后代而建立的。他们看到这里，就可以了解曾经发生在这里的事件，了解到有那么多人在这里牺牲，激发出捍卫和平的决心。"说着，大胡子叔叔点燃一根白色的蜡烛。

　　走出纪念馆，广场边刚好有教堂的唱诗班在唱歌，几只白色的和平鸽被三个孩子放飞。看着明媚的阳光，他们都笑了。

第16章
知识就是力量

　　"孩子们，你们猜我们现在正站在什么地方？"大胡子叔叔捻了捻唇边的胡须说。

　　三个孩子你看看我，我看看你，感到很奇怪。

　　"我们在公园里啊，难道不是吗？"花花眨眨眼睛问。

　　"嗯，倒也没错。不过，也不完全正确哦。"大胡子叔叔歪歪头，跷着一只脚说，"我们正站在纽约公共图书馆的地下藏书室上面哦。"

　　"好神奇，公园下面是图书馆吗？"花花惊讶地低头看着地面，想象着脚下踩了好多书的场面。

　　"就是那座很大的建筑吗？"吉米指着公园相邻的一座建筑问。

　　"没错，就是那里。走，我们去看看。"

　　站在图书馆正前方，孩子们仰着头看着好像宫殿一样的建筑。"我还以为这里是一座地下宫殿呢。"花花感叹道。

"我从来没见过这么大的图书馆。"听说里面有很多书，映真变得很兴奋。

　　"当然了，纽约公共图书馆是全美国最大的图书馆。"大胡子叔叔领着孩子们在图书馆门前合影。

　　"这么大的图书馆，里面一定有很多'知识'吧？"映真问。

　　"哈哈，说得对。这里的藏书、资料、图画、照片等非常丰富，可以说它是一座真正的知识殿堂。在这里，你不仅

可以读书，查资料，还可以参观里面的展览。"

"我们可以进去吗？"花花充满期待地问。

"当然了，这里是一座市民文化机构，谁都可以进去。"大胡子叔叔说着，指了指聚集在周围的人们，"你们看，他们都在等待图书馆开放。"

"大家都很喜欢学习呢。"映真开心地说。

"除此之外，还有一个原因，那就是——这里是属于平民的图书馆。因为这座图书馆建筑使用的资金，大部分都来自捐款。"大胡子叔叔停顿了一会儿继续说，"这里有丰富的资料和资源，在建立图书馆时，第一任馆长要求把阅览室建在最高一层，那样既可以采光又可以远离马路的喧嚣，还可

这里的藏书、资斗、图画、照片等将近四千多万册！

以给大家提供很好的环境。"大胡子叔叔给吉米和石狮子拍了一张照片后说道。

"是的，在安静明亮的环境中学习很快乐呢。"映真说。花花也点点头。

"我在想，这里虽然很大，书虽然很多，可是纽约的人也不少呀！每个人都能读到自己想要的书吗？"吉米托着下巴问道。

"哦，这真的是个难题呢。"大胡子叔叔学着他的样子捏着下巴，"纽约公共图书馆在美国其他地区还有85个分馆，同时还有3个流动图书馆，主要向大家提供文学作品和基础科研资料。这样，很多人的需求都可以得到满足哦。"

　　"太棒了！"映真脱口而出，吉米也点了点头。

　　"而且，这里的藏书还在不断地增加。"大胡子叔叔抬头仰望着这座伟大的建筑说，"因为所有人都知道，知识就是力量！"

很多人的需求都可以得到满足哦

太棒了！

第17章
时尚的第五大道

　　孩子们刚刚和大胡子叔叔一起看了一场时装发布会，现在几个人正走在著名的纽约第五大道，周围是西装革履的男士和身穿时装的女士。

　　"这里是纽约曼哈顿的中心，同时，也是美国最高档的商业街。它就是第五大道。"大胡子叔叔笑着为大家介绍。

　　"哇！好繁华啊！"映真感叹道。

"没错。如果说纽约公共图书馆是纽约人文化生活的代表，那么这里就是纽约人当代生活的图景。"大胡子叔叔说，"在1883年，美国铁路大王范德比尔德在纽约第五大道与51街之间盖起了一座豪华的宅院，被人们认为是第五大道繁华生命的开始。现在，这里已经是纽约最繁华的地方了，从购物到居住，从学习到旅游，无一不有。"

"这里的女士打扮得都好时髦哦！"花花激动地说。

"第五大道可以说是最高品质与品位的代名词。很少有街道能像第五大道那样，拥有如此众多的品牌和让人流连忘返的商店。这些商店很多都拥有多家分店，并且名誉全球。"

大胡子叔叔捻了捻胡须，突然发现了能让孩子们感兴趣的东

这就是第五大道

西："孩子们，你们看。"大胡子叔叔指着街边装饰漂亮的橱窗说，"第五大道的橱窗文化也是很有特色的呢。这里的橱窗千奇百怪，有的模特甚至是由真人来扮演的。这里的橱窗已经是游客观光不可或缺的了。"

"哈哈，你们看那边，果然有一个真人模特！"花花惊叹道。

"第五大道除了是购物者的天堂以外，还有一个地方值得一看，那就是这里的博物馆。在第五大道上，有20多个博物馆，包括纽约大都会艺术博物馆、古根汉艺术博物馆、现代艺术博物馆、电视电台博物馆等等。所以，这里还有'博物馆之街'的称号。"

真人哦

"叔叔，那边是广场吗？"吉米指着另一边问。

"是的，我们去看看。"大胡子叔叔领着孩子们向第五大道南端走去。"那是华盛顿广场，位于第五大道的南端，是纽约最有文化气息的地方，同时也是纽约大学的所在地。那里居住着很多纽约著名的作家、画家、音乐家以及演员。"

"真是独具特色的第五大道。"吉米总结说。

"是的！第五大道建立百年以来，始终以优雅、华丽、品味、时尚和文化气息作为自己发展的方向。这里的商品从不因为任何原因而降低标准，即使在经济大萧条的情况下，也是如此。那个时候，很多人都失业了，无数公司纷纷倒闭，即使这种情况，第五大道也从未放

坚持总会有
回报的！

弃自己的理念。所以说，第五大道的成功，与它一直以来坚持的理念有关。"

"坚持总会有回报的！"映真认真地说。

"孩子们，让我们一起时尚一下吧。"大胡子叔叔摘下并不存在的帽子行了个礼，三个孩子纷纷优雅地还礼："多谢绅士叔叔。"

第18章

繁华的纽约大学

这一天，大胡子叔叔带着三个孩子来到了纽约大学。

"这里和我的学校不一样哦。"花花眨巴着眼睛说，吉米和映真也点点头。

"哈哈，孩子们，我知道你们指的是什么。纽约大学是没有自己独立的校园的，这里和外面的街道融为一体，所以你们感觉到不一

样，对吗？"大胡子叔叔一下子就猜到了孩子们的想法。

"对，就是这样。"花花点点头。

"纽约大学以华盛顿广场为中心，向外分布着各种设施。这里虽然不像其他大学那样拥有美丽的校园，但是它拥有的研究设备、资料及图书数据是非常值得称道的。在纽约大学，共有5处独立的图书馆，除此之外，每个学员还拥有专属于自己的图书馆。"

"纽约大学里有多少书呢？"花花歪着脑袋问。

"这里拥有超过200万册的图书，各专业图书馆藏书全部都超过10万册。还有当代期刊、各种资料，同时还拥有一个现代化的视听中心。"大胡子叔叔认真地回答。

"大胡子叔叔，纽约有很多大学吗？"花花问。

纽约大学哦

哇

你们的愿望在这里
都可以实现！

　　"没错，纽约州有着完善的高等教育系统。就是说每一个学生都可以根据自己的喜好选择适合自己的教育机构，这些大学分布在纽约州不同的地方。而纽约大学是唯一一座位于纽约心脏地带的高校，也是美国最大的私立大学。"

　　"因为这样它才很受欢迎吗？"吉米歪着头问。

"哦，当然不。作为一所一流的学术机构，纽约大学培养出了30多名诺贝尔奖得主——要知道，那可是世界最著名的奖项。除此之外，还有21名奥斯卡奖、格莱美奖等著名奖项的获得者。光是这些数字就足以震惊整个教育界。"大胡子叔叔充满自豪地说。

"天啊，这太不可思议了！"映真感叹说。

大胡子叔叔拍了拍映真的肩膀问："怎么样？小绅士，你想要到这里学习吗？"

数学家

大明星

大富翁

"我想要做一个明星，可以登上很大很大的舞台。"不等映真说话，花花抢先回答。

　　"女孩子就是喜欢出风头。我和你的想法可不一样，我要做比尔·盖茨，世界第一的大富翁。"吉米说，"那样我就可以吃尽天下的美食。"

　　"我想做数学家，数学家都很厉害。"映真认真地说。

　　"哈哈，你们的愿望在这里都可以实现。"大胡子叔叔张开双臂，好像拥抱这个学校一样，"花花，纽约大学属下的提斯克艺术学院是全美最好的艺术学院，这里培养出了很多的奥斯卡奖得主；吉米，这里的斯

美国新常春藤大学之一

特恩商学院可是世界闻名的学院，聚集了世界最顶尖的人才；映真，我的小数学家，这里早在1934年就成立了柯朗数学科学研究所，是美国排名第一的数学研究机构。"

"就是说，我们的梦想可以在这里实现啦？"花花开心得几乎要跳起来了。

"没错。纽约大学身处繁华的位置，在这里读书的孩子们可以将纽约无数的博物馆、图书馆作为自己的学习资源。这可是大多数学校都没有的便利条件呢。"大胡子叔叔调皮地眨了眨眼睛说，"而这里已经被列为美国新常春藤大学之一，来此读书是很多孩子们的梦想。"

"常春藤大学是一所大学的名字吗？"花花问。

"不，是美国八所著名大学的联盟。"大胡子叔叔说。

"我决定了，我将来要在这里读书！"吉米的表情很豪迈。

"我也是！"花花和映真也充满自信地说。

第 19 章

夕阳下的海鸥帆船

"我们真的可以到上面去吗？"花花牵着大胡子叔叔的手，呆呆地盯着缓缓向他们驶来的巨大的海鸥帆船。吉米和映真二人互相对视了一眼，他们也不敢相信自己可以乘坐这么华丽的帆船。

"当然可以啦！今天我的好朋友举行订婚宴会，我们都是受到邀请的客人呢。"大胡子叔叔今天修剪了胡子，看上去很

海欧帆船

精神。

　　"叔叔，我们这艘船叫作什么名字来着？"吉米又把船名忘
记了。

　　"是海鸥帆船。"大胡子叔叔笑呵呵地说，这时船已经靠岸，孩
子们跟着大胡子叔叔登上了这艘充满古典气息的帆船。

　　"这里好大啊！"吉米感叹道。

　　"哈哈，海鸥帆船也是纽约著名的旅游景点之一呢。它建造于19

世纪20年代，长约25米。"

"大胡子叔叔，海鸥帆船是专门用来举办宴会的吗？"映真问。

"确切地说，海鸥帆船除了用来举办宴会，还是参观纽约景点的好工具。"大胡子叔叔解释说，"这艘船会带着我们沿着曼哈顿一线航行。"大胡子叔叔抬手看了看表说，"时间差不多了，孩子们，马上就是晚餐时间，海鸥帆船会停靠自由岛，我们将在自由女神像下享用美味的食物。之后，我们还可以看到曼哈顿最美的夕阳。这两项是所有到纽约旅行的人最期待的活动呢。最后，夜晚来临，我们回到纽约港，在那里我们可以看到夜幕下亮起的万家灯火。"

"一定很美很美！"花花闭上眼睛想象着美丽的景色。

"是的！海鸥帆船存在的意义就是为了让人们体会到在城市喧

嚣之外的宁静，给人们珍贵的、安静的享受。这也是纽约人的生活理念之一，他们喜欢有活力、有激情的生活，同时也喜欢感受自然的宁静。"

"大胡子叔叔，看，玫瑰色的天空！"花花指着天边说。

太阳即将沉入海面，曼哈顿天际呈现出一片梦幻的玫瑰色，海鸥帆船航行在这片玫瑰色的天空下。

"美得像一场梦。"花花低语道。

美得像一场梦

第20章
自然历史博物馆

"看，这是我的宠物！"吉米站在一个巨大的恐龙骨架化石下，仰着头说。

"大胡子叔叔，这个自然历史博物馆什么都有呢！"映真说。三个孩子跟着大胡子叔叔逛了很久，还没有走完整个博物馆的一半。

"是啊。孩子们，我们先去吃午饭，回来接着逛。我刚好可以在午饭时间给你们讲讲关于纽约自然历史博物馆的故事。"

哈！这是
我的宠物

　　餐厅中，吉米大口咬着汉堡，发出含混不清的声音："大胡子叔叔，下午我们还可以看到更多神奇的东西吗？"

　　"当然可以了，喜欢的话你还可以多找几个'宠物'呢。"大胡子叔叔笑眯眯地看着吉米，"这座自然历史博物馆始建于1869年，已经有100多年的历史了。里面陈列的物品非常多，有大量的化石，恐龙、鸟类、古代人类的复制模型。还有价值连城的宝石、软体动物和海洋生物的标本。藏品有3600多万件。"

　　"竟然有这么多东西啊！"花花感叹道，"真想知道人们是怎么把这些东西放进来的。"

"人类可是充满智慧的呢。"大胡子叔叔喝了一口咖啡，继续说，"整个博物馆分为4层，每一层都有不同的展示主题和特有展品。这里还拥有一座藏书48万册的自然历史图书馆，收藏有大量的照片、影片和手稿等。这里的第3层有自然巨幕影院，专门播放有关生物起源的影片，下午我们可以过去体验一下哦。"

　　"太奇妙了，这里几乎有整个自然！"映真非常开心。

　　"更吸引人的是，在1881年，纽约自然历史博物馆馆长莫里斯上任后，在他的不断努力和坚持下，引领博物馆进入了一个综合探索的时代。目前，博物馆每年都会组织大约100支考察队，到不同的地方就不同领域进行科学探索，考察的足迹已经遍及世界上每个大洲。"

　　"他们去过中国吗？"花花关切地问。

　　"当然了！中国有着悠久的历史文化，早已经是自然历史博物馆的重点合作对象了呢！这里的考察队曾经数次前往中国的许多地方，比如云南、甘肃敦煌、西藏等地。"大胡子叔叔认真地回答道，花花听后开心极了。

"这里的孩子真幸运，可以拥有这样的博物馆，他们可以在这里好好地学习呢。"映真的语气中充满了羡慕和向往。

　　"这里是属于全世界孩子的。"大胡子叔叔揉了揉映真的头发说，"几乎每年都有超过40万的中小学生通过学校组团到这里参观，并且参加博物馆组织的正式教育活动。那时，会有专门的讲解员给孩子们介绍馆藏，同时还会带领他们动手做实验。很多孩子都是在这里，对环境、恐龙时代、宇宙文化以及世界文化有了初步的了解。所以，它不仅仅是属于纽约人的。"

　　"真是太奇妙了，有这样的学习体验简直是一种幸福。"吉米吞

人类可是充满智慧的呢

继续我们的
博物馆之旅

下口中的热狗说道。

　　"没错，孩子们！"大胡子叔叔喝光杯子中的咖啡，顺便用纸巾擦掉小吉米嘴角的沙拉酱，然后说，"走，继续我们的博物馆之旅吧！"

第21章
尼加拉瓜瀑布

"大胡子叔叔，你说什么？"吉米大声喊着，可他的声音还是被尼加拉瓜瀑布落下时产生的巨大的冲击声淹没了一半。

"我说这里太震撼了，不是吗？"大胡子叔叔站得离瀑布很近，胡子上挂着晶莹的小水滴。

"是的，太壮观了！这就是尼加拉瓜瀑布？我在家的时候从电视上看到过。"

"这可是世界上最大的瀑布呢。走吧，孩子们，我们去休息一下。"大胡子叔叔从石头上跳下来，带着三个孩子绕到一块相对安静的地方坐下。这里还可以清晰地听到瀑布的声音。

"纽约除了繁华的城市，还有这么壮观的瀑布。真是太不可思议了！"花花的小裙子湿了，她正用戴着手套的手轻轻抚平那些皱褶。

"准确地说，这里是纽约州和加拿大的交界处，尼加拉瓜瀑布横跨在它们之间。"大胡子叔叔掸掸身上的水珠问，"孩子们，你们知道尼加拉瓜瀑布名字的含义吗？"

三个孩子摇摇头，大胡子叔叔将了将胡须说："尼加拉瓜实际上是印第安语，是'雷神之水'的意思。在过去，印第安人认为瀑布落

下来发出的巨大的声音是雷神在说话。"

　　"哦，这个词很生动，我们还没看见瀑布就能听见它落下的声音，确实很像雷声呢。"映真说。

　　"现在是冬天，已经有一部分水被冻住。如果在夏天，会更震撼的。不过，在这个季节我们可以看到美丽的、自然形成的冰柱。如果天气再冷一点，这个瀑布从上到下都会结冰。"大胡子叔叔说。

　　"大胡子叔叔，我觉得这个瀑布太宽了。这是一个完整的瀑布吗？"吉米托着下巴问。

　　"哈哈，问得好，孩子。"大胡子叔叔拍了一下手说，"准确地说，尼加拉瓜瀑布不是一个瀑布，在美国人看来，它由三个瀑布组成：加拿大瀑布、美国瀑布和新娘面纱瀑布。而加拿大人认为，只有

你们知道尼加拉瓜瀑布名字的含义吗

加拿大瀑布和美国瀑布这两个瀑布形成了如此巨大的奇观。"

"新娘面纱，好美的名字哦。"花花说。

"新娘面纱瀑布在美国瀑布旁边，只有细细的一缕，但是却是独立的，因此美国人特地把它划分出来。等一下我们到瞭望塔去，可以更好地看到它。不过现在我们要到游船上去喝点热的东西，我可不想让你们着凉感冒。"

大家回到了游船。在餐厅，大胡子叔叔继续给孩子讲着尼加拉瓜瀑布的故事。

"尼加拉瓜瀑布水流量最大时，可达到每秒钟6000立方米。其中70%的水量被用于发电。"大胡子叔叔喝了一口热牛奶，继续说，"为

新娘面纱，好美的名字哦

了使旅游开发和水力发电更协调，早在1950年，美国和加拿大政府就签订了协议，双方共同保护尼加拉瓜瀑布，保证瀑布水流量。"

"这是很好的决定。"吉米靠在椅子上，抱着手臂点点头。

大胡子叔叔也点了点头，继续说："你们知道吗，尼加拉瓜瀑布在17世纪以前都没有被人发现。直到1678年，一位名叫路易斯的人发现了这一奇观，他把这里称作不可思议的美，并把这里奇妙的美景用文字记录下来，传回了欧洲。现在，这一奇景已经成为了美国、加拿大两个国家共同的骄傲。"

"这么奇妙的景观当然是人们的骄傲啦！"花花说，"我也会因

美国　加拿大

飞流直下三千尺，
疑是银河落九天！

为见过它而感到骄傲的。"

"每年到这里参观的人约有1400多万。人们可以登上瞭望台，也可以坐船，还可以深入到瀑布中心去倾听瀑布巨大的歌声。总之，这样立体、壮观的奇景，游人可以从不同的角度去领略，会有不同的感受。"大胡子叔叔兴奋地说。

"映真，吉米，记得我教给你们的一首中国古诗吗？"花花眨巴着眼睛问。

"当然记得。"两个男孩同时说，"飞流直下三千尺，疑是银河落九天！"

第22章
再见，纽约

假期马上就要结束了，孩子们收拾行李，准备离开这座充满活力与热情的城市。

"大胡子叔叔，我喜欢纽约，喜欢曼哈顿。"花花把买到的小礼物放进行李箱里，略带伤感地说。

"我也喜欢，我希望以后可以住在这里。"吉米"砰"地关上装得满满的小箱子，摇头晃脑的样子有点像大胡子叔叔呢。

"我们以后还会再回到这里的。现在，让我们和这里说再见吧！"

　　"再见，纽约！我们爱你，我们还会再来的！"三个孩子站在窗前对着繁华的纽约挥手。这次旅行，是他们人生中一段美好的回忆。

　　再见了，纽约！